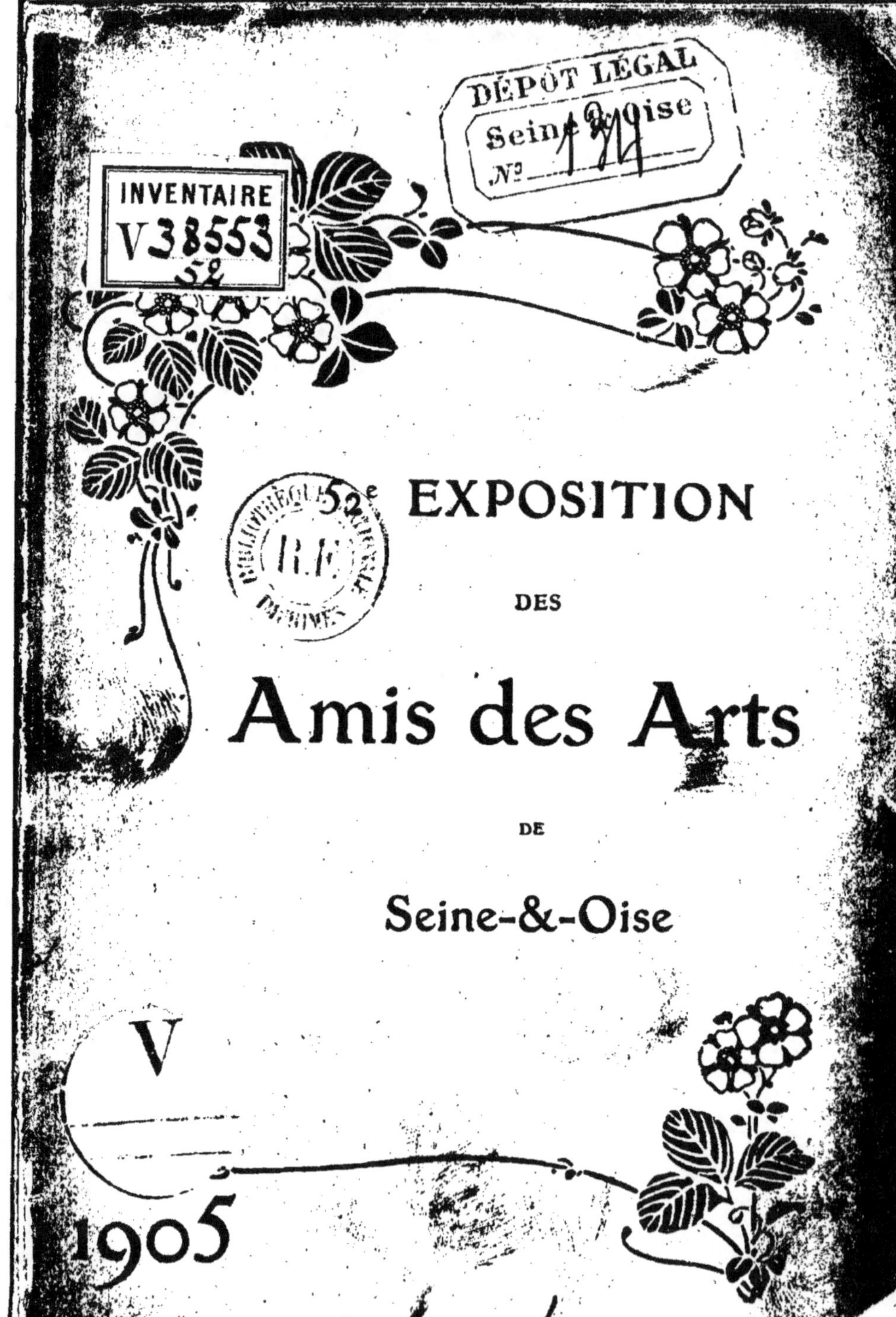

52e EXPOSITION

DES

Amis des Arts

DE

Seine-&-Oise

V

1905

SOCIÉTÉ DES AMIS DES ARTS

DE SEINE-ET-OISE

52ᵉ EXPOSITION

DESCRIPTION

DES

ŒUVRES DE PEINTURE

SCULPTURE, ARCHITECTURE, GRAVURE

MINIATURE, DESSINS ET PASTELS

EXPOSÉES

DANS LES SALONS

DE L'HOTEL DE VILLE

DU DIMANCHE 9 AVRIL

AU 4 JUIN 1905

Prix : 50 centimes

VERSAILLES

IMPRIMERIES CERF

59, RUE DUPLESSIS, 59

1905

ABRÉVIATIONS :

H. C. — *Hors Concours.*
M. H. — *Mention honorable.*
Méd. — *Médaille.*
V. — *Versailles.*
P. — *Paris.*
S^re. — *Sociétaire.*
E. U. — *Exposition universelle.*
✠ — *Chevalier de la Légion d'honneur.*
✿ I. — *Officier d'Instruction publique.*
✿ A. — *Officier d'Académie.*

Ces titres indiquent les récompenses obtenues aux Salons de Paris et aux Expositions de Versailles.

SOCIÉTÉ DES AMIS DES ARTS DE SEINE-ET-OISE
(1905)

COMPOSITION DU BUREAU

Présidents d'honneur.
M. le Préfet de Seine-et-Oise.
M. le Maire de Versailles.

Président titulaire.
M. BARBET, ✳, 53, avenue de Paris.

Vice-Président.
M. RENAUD (Emile), ✞, ❦ I, aveu. de St-Cloud, 77.

Trésorier.
M. GATIN, ❦ I, rue Jacques-Boyceau, 13.

Trésorier-adjoint.
M. MARQUIS, place Hoche, 7.

Secrétaire.
M. LARRUE, ❦ I, rue Jacques-Boyceau, 11.

Secrétaires-adjoints.
MM. DIDIER, ❦ A, rue Alexandre-Lange, 16.
MANGEANT, ❦ A, avenue de Paris, 104.

Secrétaire général des Expositions.
M. BARBIER (Eugène), ❦ A, 51, rue Duplessis.

Présidents honoraires.
MM. DEROISIN, ✳, ❦ A, rue des Chantiers, 77.
BARBIER (Maxime), 25, avenue de Paris.

Trésorier honoraire.
M. BRETEUIL, ❦ A, place Hoche, 7.

Membres de la Commission d'organisation
pour 1903.

MM. BARBET, ✻, *président,*
BARBIER (Eugène), ❀ A, *secrétaire général,*
G. BERTRAND, ❀ A,
MAXIME BARBIER,
DIDIER, ❀ A,
JONETTE, ✻, ❀ I,
LARRUE, ❀ A,
PRODHOMME, ❀ A,
E. RENAUD, ✻,
G. RENAULT,
MANGEANT, ❀ A.

SOCIÉTÉ DES AMIS DES ARTS

DE SEINE-ET-OISE

La Société des Amis des Arts de Seine-et-Oise a pour but de favoriser le progrès des beaux-arts dans le département, et d'en propager le goût par des expositions publiques, par l'acquisition, à ces expositions, des ouvrages les plus remarqués ; par des manifestations et des publications artistiques, et par tous les moyens qui lui sembleront les plus propres à atteindre le but qu'elle se propose.

Les tableaux, sculptures, dessins, gravures et objets d'art, achetés par la Société aux expositions ci-dessous spécifiées, sont partagés par la voie du sort entre ses membres, en assemblée générale.

La Société se compose de membres titulaires, honoraires et correspondants.

Les titulaires s'engagent à payer une cotisation annuelle de *dix francs* ; le paiement de cette cotisation donne droit à la remise d'un titre portant un numéro qui participe au tirage au sort des lots acquis par la Société.

Chaque sociétaire peut prendre, en outre de ce premier titre, un ou plusieurs titres de même valeur, afin d'ajouter à ses chances pour le tirage au sort.

L'admission dans la Société ne peut avoir lieu que sur la présentation écrite de deux de ses membres. Cette présentation devra être faite un mois au moins avant l'assemblée générale réglementaire.

Les ressources de la Société se composent principalement du montant des cotisations annuelles, des recettes des expositions, des subventions allouées par l'État, le département et les communes.

Les fonds de la Société sont employés :

1° A organiser des expositions publiques ;

2° A acquérir les tableaux, gravures, sculptures et autres objets d'art qui auront été choisis dans ces expositions ;

3° A donner à titre de récompense, et quand il y a lieu, des médailles ou autres marques d'encouragement aux artistes ;

4° A récompenser également, par des médailles ou autres marques d'encouragement, les instituteurs du département reconnus pour avoir fait pratiquer avec le plus de succès l'étude du dessin dans leurs écoles ;

5° A alimenter la caisse de secours fondée par la Société pour venir en aide à des artistes malheureux, à leurs veuves ou à leurs jeunes enfants

DESCRIPTION

DES

ŒUVRES EXPOSÉES

DU DIMANCHE 9 AVRIL AU 4 JUIN 1905

DANS LES SALONS

DE L'HOTEL DE VILLE

PEINTURE,
OBJETS D'ART,
DESSINS, PASTELS, AQUARELLES,
MINIATURES, ÉMAUX,
FAIENCES ET PORCELAINES,
ARCHITECTURE, SCULPTURE.

Achenbach (Mlle Gabrielle), 12 *bis*, rue Vineuse, Paris. [V. méd. d'arg.] (S^{re}.)

1 La Dentellière. (Peinture.)
2 La Fileuse (Peinture.)

Adam (Madeleine), 69, boulevard de la Reine, Versailles.

3 — Vue de Trianon. (Peinture.)

Adam (Paul), 32, rue du Peintre-Lebrun, Versailles.

4 — Marine : Une division de l'Escadre du Nord dans la rade de Brest. (Peinture.)

Adam-Manceau (Clémence), 21, rue d'Edimbourg, Paris.

5 — Roses. (Aquarelle.)
6 — Géraniums. (Aquarelle.)

Alégre (Maurice), au Palais de Versailles. [V. méd. d'arg.] (S^{re}.)

7 — Trianon sous bois. (Pastel.)
8 — Buste d'homme et buste d'enfant. (Sculpture.)

Allen (Miss Geraldine), 10, rue de la République, Meudon (S.-et-O.).

9 — The Woodlandes. (Aquarelle.)

Amell-Jorda (Manuel), 17, rue de Marnes, Garches (S.-et-O.).

10 — Etudiants espagnols faisant la fête (xviiie siècle). (Peinture.)

Anglade (Gaston) chez M. Léon Gerard, expert, 18, rue Drouot, Paris.

11 — Les brumes du matin (bruyères et fleurs). (Peinture.)

12 — St-Géry (Lot), bruyères en fleurs. (Peinture.)

Arnould de Cool (Delphine), 50, avenue Duquesne. [P. M. H. et méd. d'arg., E. U. 1900.]

13]— La maison du prêtre (Bretagne en 1680). (Peinture.)

14 — Une ferme au soleil (Bretagne). (Peinture.)

15 — Lutte de l'ange avec Jacob. — Le Journal. — La neige. (Emaux limousins.)

Augé (Mathilde) et **Vial** (Ely) Mlles, avenue de Paris, 5 *bis*. [V. 2e rappel de méd. d'arg.]

16 — Le bassin d'Apollon (plateau). — La Tour de Malborough (baguier).—Le temple de l'Amour (baguier).— Le bassin de Flore (bonbonnière). — L'Air (bonbonnière). — Pan (bonbonnière). — Vases bleus. — Vases rouges. (Emaux.)

17 — Méditation. (Email.)

Autant (Marie), 24, rue de Pomereu, Paris (XVIe).

18 — L'automne (d'après Mlle Dufau). — Portrait de Mme B. — Portrait de la femme de Chardin (d'après Chardin). (Miniatures.)

Baralle (Mlle Marie), 57, route de Chatillon, Gd-Montrouge (Seine). [V. M. H.] (S^re.)

19 — l'etite marchande de fleurs. — Tête de jeune fille (d'après Chaplin). (Miniatures.)

Barbier-Duval (Mme Marie-Joséphine), 18, rue Emile-Deschamps, Versailles. [P. méd. de bronze, E. U. 1889.— V. 3e méd. d'arg.] (S^re.)

20 — Un Romain. (Dessin.)

Baron (Jeanne), 17, rue Bleue, Paris. (S^re.)

21 — Les Enfants de France de Drouais (d'après la peinture à l'huile du Musée du Louvre). (Pastel.)

Baye (Pierre-Alphonse), 23, rue Charles-V, Paris. [V. 2 méd. d'arg.]

22 — Vieux livres, 6 parchemins. (Peinture.)
23 — Livres religieux. (Aquarelle.)

Beaucerf (Blanche), 26, rue des Réservoirs. [V. 2e méd. d'arg.] (S^re.)

24 — Camélias et Narcisses. (Peinture.)
25 — Reines-Marguerites. (Peinture.)

Bérenger (Jules), rue de Noailles, 10, Versailles.

26 — Bois et Prairies à Petit-Jouy. (Aquarelle.)

Bellynck (Hubert-Emile), 25, rue du Montparnasse, à Paris.

27 — Paysage (Petit Trianon). (Peinture.)
28 — Portrait de Mme B... (Peinture.)

Belnet (Georges), 179, avenue du Maine, à Paris.

29 — L'Étang de Trivaux en automne. (Aquarelle.)
30 — Le Bassin de l'Hiver à Versailles en automne. (Aquarelle.)

Bergerot-Roblastre (Mme Louise), 39, rue Franklin, Paris. (S^{re}.)

31 — Nature morte. (Peinture.)
32 — Étude de Pommes. (Peinture.)

Berthélemy (Emile), 3, villa Niel, à Paris.

33 — Retour de la pêche aux crevettes (Calvados). (Peinture.)

Bertier (Ch.), 32, avenue de Wagram. [P. H. C. Ex. Saint-Louis et à l'Étranger. — V. Rappel 2e méd. d'arg.]

34 — Crépuscule d'Hiver à Annecy. (Peinture.)
35 — Une rue de Grand-Thiervoz (Allevard-les-Bains). (Peinture.)

Bertier (Mlle Magdeleine de), 29, rue Borgnis-Desbordes, Versailles. (S^{re}.)

36 — Un éventail sur peau. (Aquarelle.)

Berton (Emile), 9, rue Mozart, à Paris. [P. méd. 3e cl. E. U. 1889 et 1900.]

37 — Retour des pêcheuses d'huîtres à Cancale. (Peinture.)
38 — Petite rivière sous des saules. (Peinture.)

Besnard (Mlle Lucie), 1, avenue de Villeneuve-l'Étang, Versailles. [V. M.]

39 — Les bords de la Seine dans l'île de Croissy (Seine-et-Oise). (Aquarelle.)
40 — Le Mont-Blanc près de Sallanches (Haute-Savoie). (Aquarelle.)

Bidon (Jean), 41, rue Bayen, Paris.

41 — Fleurs, Œillets. (Peinture.)

Bienvêtu (Gustave), 14, rue de la Fraternité.
à Colombes (Seine). [V. Rappel de méd.]

42 — « Un goûter » aux fruits. (Peinture.)

Bocquet (Gaston-Louis), 26, rue Nansouty,
Pavillon 9, à Paris. [V. méd. d'arg.]

43 — A l'étau (Intérieur de forges). (Peinture.)

Bogard (Marthe), 22, avenue de Sceaux,
Versailles. (S^{re}.)

44 — Mon chien. (Peinture.)

Boigues (Mlle Jeanne-Marie), 31, rue Poncelet, Paris.

45 — « Mignon » regrettant sa patrie. (Pastel.)
46 — Une « Incroyable ». (Pastel.)

Boisselet-Boulmier (Louise), 2, rue des
Huissiers, Neuilly-sur-Seine.

47 — Chrysanthèmes. (Aquarelle.)
48 — Cerises du Japon. (Aquarelle.)

Borgek (Mlle Lydie), 3, rue de la Gaîté, Paris.

49 — Portrait du comte Tolstoï. (Miniature.)
50 — Petite fille italienne. (Miniature.)

Boulan (Jean-Marie), 14, rue de la Paroisse, Versailles. (S^re.)

51 — En l'attendant (Paravent velours aquarellé), appartient à M. E. Guyonnet.

52 — Yann (Paravent breton au pastel), appartient à M. Xavier Pelletier.

Bourgeois (Edouard), 39, rue Carnot, Versailles. (S^re.)

53 — Portrait. (Dessin croquis.)

54 — 3 vues de Bretagne. (Aquarelles.)

Bouratchewski (Adolphe), 2, passage Dantzig, Paris.

55 — Coin de village en Lithuanie. (Peinture.)

56 — Vues de Moscou. (Peinture.)

Boyé (Abel), 25, Villa Chaptal, à Levallois-Perret (Seine.)

57 — Baigneuse. (Peinture.)

58 — La voile lointaine. (Peinture.)

Brunet (Maurice), Mesnil-Saint-Denis. [V. 3e méd.]

59 — Paysage. (Aquarelle.)

60 — Paysage. (Aquarelle.)

Brunini (Ettore), 36, rue de l'Orangerie. (S[re].)

61 — Portrait d'enfant, Paul S. (Peinture.)
62 — Vue du Parc (le grand canal), Versailles. (Pastel).

Büchs (Johnny), 2, passage de Dantzig.

63 — Suzanne. (Marbre.)
64 — Encrier. (Terre cuite.)

Buret (Florent), 55, rue du Cherche-Midi.

65 — Surprise. (Peinture.)

Cablet-Rinn (Mlle Ernestine), 22, rue des
Fossés-Saint-Jacques, Paris.

66 — Lilas et faux-ébénier. (Aquarelle.)

Calbet (Antoine), 102, rue du Cherche-Midi,
[P. H. C. méd. argent, Ex. U. 1900 ✳.]

67 — Nocturne. (Peinture.)

Carpentier (Madeleine), 60, rue de Maubeuge,
[P. 3e méd. — V. Médaille.]

68 — A l'exposition des grès. (Pastel.)
69 — Enfant rousse. (Pastel.)

Caspers (Mlle Pauline), 1, quai aux Fleurs, Paris. [V. 3e méd. et rappel.] (S^re.)

70 — Pivoines. (Peinture.)
71 — Pensées. (Gouache.)

Castro (Paul de), 33, rue Bayen, Paris. [V. Prix du Salon.]

72 — Le vestibule. (Peinture.)
73 — La salle à manger. (Peinture.)

Cesbron (Achille), 13, rue Jacquemont, Paris. [P. II. C. — V. Prix du Ministre.]

74 — Tulipes dragonnes.
75 — Le Torrent. (Peintures.)

Chanaleilles (Gustave) chez M. Honoré, 52, rue de l'Amiral-Roussin, Paris XVe.

76 — Portrait de M. Pierre de Nolhac, dans son cabinet de travail, au château de Versailles. (Peinture.)

Chapon (Mlle Jane), 8, rue Bellefond chez Mme Nallet-Poussin.

77 — Réveil du Printemps. (Buvard cuir et étain repoussé.)
78 — La Musique (liseuse). (Cuir repoussé.)

Charier-Wira (Marie), 14, rue Maurepas, Versailles.

79 — Portrait de Mademoiselle J. W· (Peinture.)

Charlet (Georges), 57, rue de Dunkerque, Paris (9ᵉ arr.). [V. M. d'arg.]

80 — Le Froid. (Peinture.)
81 — Mare en Normandie. (Peinture.)

Chauchefoin (Mˡˡᵉ Marie-Louise), 3, place Henri-IV, à Charenton (Seine). [P. M. H. V. 1ʳᵉ Méd. d'arg. et rappel.]

82 — Pêcheur du Tréport.
83 — L'Ecolier.
84 — Tête d'enfant, d'après Mᵐᵉ Lebrun. (Miniatures.)

Chigot (Eugène), 9, rue de Bagneux, Paris. [P. H. C. (Bourse de voyage), ✳.]

85 — Soleil couchant marée haute. (Peinture.)
86 — Versailles. (Peinture.)

Chrétien (Mᵐᵉ Lucie-Céline), 83, Faubourg-Poissonnière, Paris. [V. M. H.]

87 — Portrait de Mᵐᵉ de J... La prière. (Miniature.)
88 — Le printemps. (Miniature.)

Choppin (Paul), 68, rue d'Assas, à Paris.
[P. 3ᵉ méd.]

89 — Printemps. (Terre cuite.)

Chotel (Mˡˡᵉ Claire), 15, rue Lagrange, Paris.

90 — Coin d'atelier. (Peinture.)
91 — Roses. (Peinture.)

Coffignon (Edmond), Saint-Gervais, par Blois
(Loir-et-Cher), à Paris, chez M. P. Tudor-
Hart, 68, rue d'Assas.

92 — Le Cosson à Saint-Gervais. (Peinture.)

Colin (Paul), 1, quai Malaquais, à Paris.
[P. H. C.]

93 — Roses trémières (Peinture.)

Collas (Paule), 6, rue du Bellay, Paris (4ᵉ arr.).
[V. M. H.]

94 — La ravaudeuse de campagne. (Peinture.)

Collineau (Marie), 44, rue Perronet, Neuilly-
sur-Seine. [V. 3ᵉ méd. arg.]

95 — Etude de Lys. (Aquarelle.)
96 — Jeune fille. (Aquarelle.)

Comerre (Léon), 67, rue Ampère. [P. H. C. O. ✻. — V. méd. vermeil.]

97 — Portrait de Mlle G. C. (Peinture.)
98 — Femme aux roses. (Peinture.)

Contencin (Henri de), 9, rue Montebello, Versailles.

99 — Bougeoir et coupe-papier. (Modelage en pâte plastique.)

Contesenne (Marie), 5, rue de Noailles, Versailles. [V. 3e méd. et rappels.] (Sre.)

100 — Delphiniums et clématite sauvage. (Peinture.)
101 — Pivoines roses. (Peinture.)

Corpet (Étienne), 158, rue de Charonne, Paris (XIe).

102 — Les oignons. (Peinture.)

Cottin (Francisca), 34, boulevard de Clichy, Paris. [P. prix de Rome de la République Argentine.]

103 — Un tableau, étude. (Peinture.)
104 — Une étude. (Aquarelle.)

Court (Annie), 47, boulevard de la Reine, Versailles.

105 — Deux marines. (Aquarelles.)

Cousin (Mlle Adrienne), 33, rue Étienne-Marcel, Paris.

105 *bis*. — Tête de Christ enfant, Vierge, Jeanne d'Arc. (Émaux translucides.)

Cousin (Charles), 63, rue Lauriston, Paris.

106 — Tristesse. (Peinture.)

Coutan Montorgueil (Laure), 31 *bis*, rue Victor-Massé, Paris. [P. M. II. — V. méd. d'or.]

107 — Le printemps (bronze). (Sculpture.)
108 — Fillette contemplative. (Email de Juchenal). (Terre cuite.)

Darien (Henry), 113, boulevard Saint-Michel, Paris. [P. H. C. — V. méd. vermeil.]

109 — Sur la falaise.
110 — Marine. (Peintures.)

Delacour (Emilie), 80, rue Michel-Ange, Paris.

110 *bis*. — Géranium. (Pastel.)

Delahogue (Alexis-Auguste), 15, rue Grange-Batelière, Paris. [V. M. H.]

111 — L'hiver à Crozant (moulin de la Folie). (Peinture.)
112 — Quatre études dans un cadre. (Peinture.)

Delahogue (Eugène-Jules), 15, rue Grange-Batelière, Paris. [V. méd. arg.]

113 — Vallée de Saint-Méry (Seine-et-Marne). (Peinture.)
114 — Étude de saules à Crozant (Creuse). (Peinture.)

Delasalle (Dominique), 111, Grande-Rue, Garches (Seine-et-Oise). (S^re)

115 — Paysage (avenue à Vaucresson). (Aquarelle.)
116 — Paysage (Rû aux environs de Saint-Brieuc). (Aquarelle.)

Delavoipierre (Philippe-Alfred), 4, rue des Dames, Paris, et 27, rue de Saint-Cloud, Ville-d'Avray. [V. 2e méd.]

117 — Anémones et Pommes. (Peinture.)

Delestre (Eugène), 7, villa Méquillet, Neuilly-sur-Seine. [V. 2e méd.] (S^re.)

118 — Vieille église près Villers-sur-Mer. (Peinture.)
119 — La Seine au pont d'Asnières. (Peinture.)

Delpech (Jean), 24, avenue de Saint-Ouen, à Paris. [P. 2e méd. Méd. de bronze, E. U. 1900. — V. Diplôme d'hon.]

120 — La Musique. (Sculpture.)
121 — La Gravure en Médailles. (Sculpture.)

Delville (Ferdinand), 28, rue de Paris, à Montfort-l'Amaury (Seine-et-Oise).

122 — Bas-côté de l'Eglise de Montfort-l'Amaury.
(Peinture.)
123 — Lavandières, Lisière de la Forêt de Rambouillet,
près Montfort. (Fusain aquarellé.)

Denet (Charles), 2, rue Jouffroy, Paris, [P. M.
H. — V. méd. d'argent.]

124 — Intérieur d'Auberge. (Peinture.)

Déplanté-Voyst (Mme Berthe), 41, rue de
Neuilly, à Clichy (Seine). [V. Rappel de
méd.]. (S^{ro}.)

125 — Une Famille. (Dessin.)

Desdouits (Mlle Thérèse), 3, avenue de Saint-
Cloud, Versailles.

126 — Un plateau. (Cuir d'Art et Etain.)
127 — Une petite bibliothèque de voyage démontable.
(Cuir d'Art.)
129 — Une ceinture. (Cuir d'Art.)
130 — Un coussin. (Pyrogravure sur peluche.)

Després (Mme Violette), 57, rue Saint-Merry,
à Fontainebleau.

131 — Portrait de Madame Charles B. (Peinture.)

Deully (Eugène), villa Rubens, 9, impasse du Maine, Paris. [P. Méd. de Bronze, E. U. 1900. — H. C. — V. Prix du Salon et Diplôme d'Hon.]

132 — Premier baiser. (Peinture.)

Didier (Clovis), 16, rue Alexandre-Lange, Versailles. [V. H. C.] (S^re.)

133 — Intérieur. (Peinture.)
134 — Au bois. (Peinture.)

Didier-Pouget (William), 12, boulevard de Clichy, à Paris. [P. Méd. E. U. ✳. — V. Méd. vermeil.]

135 — Sur les Plateaux de la Corrèze. (Peinture.)

Dinet (Etienne), 25, quai Voltaire, Paris. [P. Méd. or. O. ✳.]

136 — Le Caire : brumes, poussières et fumées du soir.

Dorbec-Charvot (Mme Henriette), 51, rue de Maubeuge, Paris. (S^re.)

137 — Portrait de l'auteur. (Miniature.)

Doré (Isabelle), 66, Grande-Rue, à Saint-Maurice (Seine). (S^re.)

138 — Retour des Champs. (Peinture.)

Dubois (Georges), 21, rue Carnot, Versailles.

139 — Nature morte. (Peinture.)

Ducros (Edouard), 6, place Jeanne-d'Arc, à Aix-en-Provence. [V. 2e méd.]

140 — Le Brescou (Martigues).
141 — La Bonne Mère (Martigues).

Duminy (Berthe), 38, rue des Jeûneurs, Paris. (Sre.)

142 — Roses. (Aquarelle.)
143 — Prunes. (Aquarelle.)

Dupont (Joseph), 11, boulevard Central, Le Chesnay (S.-et-O.). (Sre.)

144 — Marine « Vers le lointain bleu ». (Aquarelle.)
145 — Marine « Brume du soir ». (Aquarelle.)

Dusseuil (Léonie), 10 *bis*, rue Vavin, Paris. [V. Médailles.]

146 — Portrait d'un bénédictin. (Pastel.)

Duval (Jacques), 4, rue Rigaud, à Neuilly-sur-Seine. [V. M. H]

147 — Paravent, noyer ciré, sculpté, satin brodé.

Duvelle (Théophile), 50, rue de l'Orangerie, Versailles. (S^{re}.)

148 — Enghien. Un coin du vieux lac. (Peinture.)

Eschasseriaux (Pierre), 12, rue de la Paroisse, Versailles.

149 — Saint-Jean-d'Angély (la tour), clair de lune. (Peinture.)

150 — L'Allée des Marmousets. (Aquarelle.)

Eliche (Jean-Baptiste), à Domont (Seine-et-Oise). (S^{re}.)

151 — Paysage huile « La Durance, à Bompas ». (Peinture.)

152 — Marine « La Houle aux Sablettes ». (Peinture.)

Fauconnier (Mlle Berthe), 13, rue des Buissons, Garenne-Colombes (Seine). [V. 3e méd. d'arg.] (S^{re}.)

153 — Une vitrine contenant cinq miniatures : Vieillard (étude). — Portrait de Mlle B. F... — Bretonne (étude). — Portrait de M. R... — Portrait de M. X...

Faux-Froidure (Mme Eugénie), 4, villa Niel, Paris (XVIIe). [P. Méd. de 3e classe.]

154 — Roses et Violettes de Parme. (Aquarelle.)

155 — Pensées et Rubans. (Aquarelle.)

Feld (Julius), 27, avenue de l'Opéra, Paris.
[P. Méd. d'argent. — V. Mention H.]

156 — Portrait de M. Redfern. (Peinture.)
157 — Portrait de Mme C... (Peinture.)

Fiault (Geneviève), 14, rue Escudier, Boulogne-sur-Seine (Seine).

158 — Rochers à la Pointe de Primel (Finistère). (Peinture.)
159 — Environs de Mondoubleau (Loir-et-Cher). (Peinture.)

Fielitz (Mlle J.-A.), 99, rue de Vaugirard, Paris. [P. M. II. — V. Méd. d'arg.]

159 *bis* — Au parc de Versailles. (Peinture.)

Fleisch (Suzanne), 3, avenue Bugeaud. (S^{re}.)

160 — La Thisbé. (Peinture.)

Fontaines (André des), 47, rue Chabaudy, Niort (Deux-Sèvres).

161 — Falaises de Royan, temps gris. (Peinture.)
162 — Impression temps gris. (Peinture.)

Forges (Joseph), 30, avenue du Maine, Paris. [V. H. C.]

163 — Village de Pluneret (Morbihan). (Aquarelle.)
164 — Marais à Trégastel (Côtes-du-Nord). (Aquarelle.)

Fortin (Lily), 69, rue Raynouard, Paris.

165 — Portrait de Mlle Alice Laroche. (Peinture.)

Foucault (Georges), 122, bd St-Germain, Paris.

165 *bis* — Entrée de Ferme à St-Quay (Bretagne).

Fourié (Albert), 30, rue Eugène-Flachat, Paris (17e). [P. Méd. d'Or 1889, E. U., ✳. V. Diplôme d'honn.]

166 — Aux champs. (Peinture.)
167 — Fin de moisson. (Peinture.)

François dit **Fontenay** (Christian), rue des Marais, Viroflay. [P. M. H.]

168 — L'officier endormi, d'après F. Van Miéris (Musée de Munich). (Gravure sur bois.)

Friant (Emile), 11, boulevard de Clichy, Paris. [P. H. C.]

169 — Christ. (Peinture.)

Frick (Paul de), 204, boulevard Saint-Germain, Paris.

170 — Un chemin creux en Bretagne. (Peinture.)
171 — L'île San-Lazzaro (Venise). (Peinture.)

Gagliardini (Gustave), 12, boulevard de Clichy, Paris. [P. H. C. ✳.]

172 — Le matin au bord du Tarn. (Peinture.)
173 — Voitures de louage (Provence). (Peinture.)

Galante (Henry), 59 *bis*, avenue de Saint-Gervais, à Blois (Loir-et-Cher).

174 — En Sologne : Etang des Trois-Seigneurs. (Peinture.)

Galland (Mlle Marie), 136 *bis*, avenue de Neuilly (Seine).

175 — Vieux huertano des environs de Valence (Espagne). (Sculpture.)

Gasté (Georges), 56, rue Saint-Placide. Paris. [P. Méd. 3º classe. V. 2e méd. argent.]

176 — Bédouin (Tanger). (Peinture.)
177 — Le Serein à Chemilly (Yonne). (Peinture.)

Gébleux (Léonard), 2, rue Brancas, à Sèvres (Seine-et-Oise). [V. 2 mentions.]

178 — Environ de Trouville. Paysage. (Peinture.)
179 — Fleurs et oiseaux. (Aquarelle.)

Geoffroy (Jean), 7, rue des Lilas, Paris-Belleville. [P. H. C. Méd. d'Or E. U. 1899, ✻.]

180 — La servante des pauvres. Hôtel-Dieu de Beaune. (Peinture.)
181 — Les p'tites de la Maternelle. (Aquarelle.)
182 — Martyr.
183 — Morceau difficile. (Gravures originales en couleurs.

Gérard-Bellair (Louise), 33, rue de Coulmiers, Paris (14ᵉ). [P. M. H.]

184 — Salomé, d'après Juana Romanie. (Lithographie.)

Gérard (Gaston), 6, rue du Val-de-Grâce, Paris. [V. Méd. d'argent.]

185 — Paysages : 1º Ris-Orangis; 2º La Ferté-Alais ; 3º Boutigny ; 4º Avallon. (Aquarelles.)
186 — Etude de tête. (Pastel.)

Georges-Bertrand (Jules), 48, avenue Villeneuve-l'Etang. [P. H. C.] (Sʳᵉ.)

187 — Etude. (Peinture.)

Gésincourt (Edouard de), 49, rue Albert-Joly, Versailles. [V. 3ᵉ méd. d'arg.](Sʳᵉ.)

188 — Les lentilles d'eau de la mare du bois de Fausses-Reposes. (Peinture.)
189 — Petite fille aux roses, d'après une toile de A. Coypel. (Terre cuite.)

Gibert (Louise), 55, avenue Victor-Hugo, Paris. [V. M. H.]

190 — Anémone. (Peinture.)

Giblat (Marguerite), 34, rue du Cherche-Midi.

191 — Pivoines, clair obscur. (Aquarelle.)
192 — Roses blanches et clochettes. (Aquarelle.)

Girod (Mlle Marthe), 47, rue Denfert-Rochereau, Paris.

193 — Une vitrine contenant 5 cuirs d'art : buvard, ceinture, 2 porte-cartes, projet de reliure.
194 — Une vitrine contenant 3 cuirs d'art : Liseuse, porte-monnaie, porte-cartes.

Grimaud (Mlle Manuelita), 12, rue Guichard, Passy-Paris (XVIe). [V. méd. d'arg.]

195 — Petite Italienne ; Souvenirs de Bretagnes ; Tête de Bretonne. (Miniatures.)

Groszer (Apolline), 15, rue Alexandre-Lange. [V. 2e méd. d'arg.] (Sre.)

196. — Vieux-Château, Newark, Angleterre. (Aquarelle.)
197 — Église, 13e siècle Holme, Angleterre (Aquarelle.)

Gruyer (Mlle Gabrielle), 61, rue Nollet, Paris.

198 — Figues et Dahlias. (Aquarelle.)

Guignard (Gaston), 25, boulevard Berthier, Paris [H. C. P.], chevalier de la Légion d'honneur.

198 *bis* — Cabane dans un marais des Landes.

Hain (Mlle Marguerite),55, rue Bouquet, Rouen. [V. 3e méd. d'arg.]

199 — Roses, Glaïeuls et Clématite. (Peinture.)

Havard (Valérie), 197, boulevard Péreire, Paris (XVIIe.) (S^{re}.)

200 — Légumes (nature morte). (Peinture.)

Heemskerck van Beest (Jacob van), Zeestraat, 52, La Haye (Hollande).

201 — Intérieur de Hollande. (Aquarelle.)
202 — Pêcheur. (Aquarelle.)

Hilpert (Jacques), 32, rue de Vaugirard, Paris.

203 — Lieutenant de Chasseurs à pied. (Peinture.)

Hista (Louis), 18, rue de Chabrol, Paris. [P. méd. d'or, E. U. 1900.] (S^{re}.)

204 — A Beaulieu. (Aquarelle.)

Hista (Robert), 18, rue de Chabrol.

205 — Vers le couchant. (Peinture.)
206 — Le Pont-Neuf. (Peinture.)

Huber (Léon), 15, rue Cauchois, Paris (XVIIIe).
[P. M. H.— V. Diplôme d'hon.] (S^{re}.)

207. — Récréation. — Jeunes chats et fleurs. (Peinture.)
208 — Alerte ! — Jeune chats et cuivre. (Peinture.)

Hueber (Félix), 40, boulevard du Roi, Versailles. (S^{re}.)

209 — Le jardin sous la neige. (Peinture.)
210 — Matinée (environs de Pouligen). (Peinture.)

Insarsky (Mlle Sophie), 3, rue de la Gaîté,
Paris.

211 — La Vielle. (Miniature, vernis mou.)

Isabel (Gilles), 18, boulevard Jourdan, Paris.

212 — Portrait de ma grand'mère. (Peinture.)

Isbert (Camille), 37, avenue de Villiers, Paris.

213 — Un cadre, vitrine contenant cinq miniatures :
Vénus et l'Amour. — Chanteurs. — Jeune fille
au collier. — Le char aérien. — Jeune fille au
bonnet.

Jacquot (Jean-Baptiste), chemin du Port, Val-
    mondois (Seine-et-Oise). (S^re.)

214 — La Seine près Caudebec. — Bruyères en fleurs.
    (Peintures.)

Japy (Louis), 157, rue de Rome, Paris. [P. H.
    C.]

215 — Ruisseau au printemps. (Peinture.)
216 — Route en Seine-et-Oise. (Peinture.)

Jeanson (Marguerite), 45, rue Monge, Paris.

217 — Daria. (Miniature.)

Juë (Suzanne), 38, rue Notre-Dame-de-Lorette,
    Paris. [V. M. H.] (S^re.)

218 — Portrait de Mlle Yvonne de Bray, du Vaudeville.
    (Pastel.)

Jungfleisch-Aboilard (Marguerite), 74, rue
    du Cherche-Midi, Paris. [V. M. H.] (S^re.)

219 — Prunes et roses. (Peinture.)
220 — Pêches. (Peinture.)

Junière (Mlle Marguerite), 6, rue des Chantiers,
    Versailles. (S^re.)

221 — Jacques et Jean. (Pastel.)

Kahn (Max), 25, boulevard de Clichy, Paris.
[P. M. H. — V. 2e méd. arg.]

222 — Tête d'homme
223 — Intérieur breton. (Peintures.)

Karageorgevitch (Bojidar), 42 avenue de
Villeneuve-l'Etang, Versailles.

223 *bis* — Un service à bonbons (4 pièces argent). 2 boucles
ceinture (argent). 2 boutons (argent). 1 broche
(argent).

Kauffmann (Paul), 3, rue Faidherbe, Viroflay (Seine-et-Oise). (S^{re}.)

224 — Les noces alsaciennes, en quatre motifs ne for-
mant qu'un cadre. (Estampes originales ou
aquarelles éditées par la maison Goupil.)
225 — La Sainte-Barbe !... (Aquarelle.)

Kiréevsky (Etienne), 65, avenue Marceau,
Paris, XVIe. [P. O. ✪, E. U. 1900. — V.
3e méd. arg.] (S^{re}.)

226 — Christ. (Peinture.)

Koechlin (Mme Bertad), 8 *bis*, chaussée de la
Muette, Paris, (S^{re}.)

228 — Tulipes roses. (Peinture.)

Kurkdjan (Léon), 2, passage de Dantzig, XV⁰ Paris.

231 — Une vieille rue à Paris (près de la Fontaine). (Peinture.)
232 — La porte intérieure de la Mosquée Sainte-Sophie à Constantinople. (Peinture.)

Labadie-Lagrave (Mᶫᶜ Berthe), 8, avenue Montaigne, Paris. (Sʳᵉ.)

233 — Vieux Pont de Nérac (Lot-et-Garonne). (Pastel.)

Lacombe (Georges), château de l'Ermitage (Alençon), 42, avenue Villeneuve-l'Étang, Versailles. [V. M. II.]

234 — Route dans la forêt d'Écouve. (Peinture.)
235 — Le Vignage (forêt d'Écouve). (Peinture.)

Lafarge-Charma (Mᵐᵉ Georgette), 28, rue des Petits-Champs, Paris.

236 — Giroflées. (Peinture.)
237 — Boutons d'or. (Assiette faïence.)

Lambert (Jean-Jacques), 195, rue de Vaugirard, Paris. [V. M. II.]

238 — Les bulles de savon. (Peinture.)

Lambert (Marcel), architecte en chef au Palais
de Versailles. [P. M. H.] (Sᵣₑ.)

239 — Le débardeur de Seine. (Modèle plâtre, en vue du
bronze.)
240 — Caïn tue son frère Abel. (Maquette plâtre en vue
du grand modèle.)

Lamorre-Castex (Louise), 13, rue Kleber,
Rennes. [V. 2ᵉ méd. arg. et rappel.] (Sᵣₑ.)

241 — Portrait du peintre Loustaunau. (Peinture.)

Lamy (Aline), 102, rue de Maubeuge, Paris.
[V. 2ᵉ méd. arg.] (Sᵣₑ.)

242 — Iris. (Pastel.)

Landré (Mˡˡᵉ Louise), 233, faubourg Saint-
Honoré, Paris. [V. 3ᵉ méd. arg.]

243 — Surprise !
244 — Nana. (Peintures.)

Larrue (Guillaume), 11, rue Jacques-Boyceau,
Versailles. [P. méd. bronze E. U. 1900,
associé de la S. N. des B.-A. — V. prix
du Salon. — H. C.] (Sᵣₑ.)

245 — Entrée du Salon de la Guerre. (Peinture.)
246 — Le Parc. (Peinture.)

Laurent (Mlle Blanche), 233, rue du faubourg
Saint-Honoré, Paris. [P. M. H.]

247 — Frileuse. (Sculpture.)
248 — Graines de Commères. (Sculpture.)

Leblanc (Marie), 2, rue Edgard-Quinet, Grand-
Montrouge.

249 — Pivoines. (Aquarelle.)

Lebrun (Marcel), 58, rue Volta, Paris. [P. M.
H. — V. méd. d'arg.]

250 — Lever de Lune (la Roncière (Seine-et-Oise). (Peinture.)

Lecocq (Mlle Hennette), 6, rue Thénard, Paris.
[P. M. H. E. U. 1900, ❧ A. — V. Méd. arg.]

251 — Moulin de Kéréma d'après Verdier. (Eau-forte.)

Ledoux (Mlle Blanche), 135, boulevard Ma-
genta, Paris. [V. M. H.] (S^{re}.)

252 — Violettes et mimosa. (Aquarelle.)
253 — Chrysanthèmes. (Aquarelle.)

Lefebvre-Glaize (Mme Maguelonne), 7, rue
Auguste-Comte, Paris.

254 — Le laurier rose.
255 — Violoniste.

Lemaire (Charles), à Elancourt (Seine-et-Oise). (S^{re}.)

256 — La Traversée du bois en novembre. (Peinture.)
257 — Décembre. (Peinture.)

Lenoir (Pierre), 14, avenue du Maine [P. M. H.]

258 — Une Vitrine contenant un miroir (bronze); un plateau (argent).

Leroux (René), 105 bis, boulevard de la Reine. [V. M. H.] (S^{re}.)

259 — Rue à Cherizy près Dreux. (Peinture.)
260 — L'Eure aux Osmeaux (Eure-et-Loir). (Peinture.)

Le Royer (Léon), 14, rue Saint-Faron, Meaux (Seine-et-Marne). [V. M. H.]

261 — Intérieur d'écurie. (Peinture.)
262 — Coquelicots de jardin. (Aquarelle.)

Leteurtre (Emile-Jean-Jacques), 24, rue Dauphine. [P. Lauréat, E. U. de 1900. — V. méd. d'arg.]

263 — Le lac du Bourget à Aix-les-Bains. Vue prise de Notre-Dame-des-Eaux. (Aquarelle.)
264 — La Dent du Chat au lac du Bourget. Vue prise des coteaux du Revard. (Aquarelle.)

Leyendecker (Paul), Versailles. [V. 3ᵉ méd. et rappel.] (Sʳᵉ.)

265 — Le matin octobre. (Peinture.)
266 — Le matin mai. (Peinture.)

Libaudière, 31, avenue des Ecoles, Vitry-sur-Seine. (Sʳᵉ.)

267 — Matinée d'été sur la côte Basque. (Peinture.)

Lieure (Jules), 73, avenue de Saint-Cloud, Versailles [P. M. H. — V. M. H.] (Sʳᵉ.)

267 *bis* — Portrait de Richard Wagner.
267 *ter* — Portrait d'Hector Berlioz.

De Loghadès (Mᵐᵉ Léonie), 137, boulevard Haussmann, Paris. [P. M. H. — Méd. bronze E. U. 1900. — V. Prix du Salon.] (Sʳᵒ.)

268 — Type d'Andalousie. (Pastel.)

Loir (Luigi), 89, rue de Turbigo, Paris. [P. Méd. 1ʳᵉ classe, ✳.]

269 — Coin de la place de la Bastille. (Peinture.)
270 — L'ancien petit Phare de Saint-Valery. (Aquarelle.)

Loiseau (Mme Marie-Madeleine), 5, rue Morère, Paris XIVe. [V. 1re Méd.] (S^{re}.)

271 — Etude de fleurs. (Peinture.)

Loiseau-Rousseau (Paul), 28, rue Notre-Dame-des-Champs. [P. H. C., Lauréat de l'Académie des Beaux-Arts. — V. 1re méd. d'arg.]

272 — Yolande d'Este. (Sculpture.)

Loriot (Alfred), 27, rue de l'Orangerie, Versailles.

273 — Lilias Redgnautlet.
274 — Jeanne d'Arc (Emaux limousins.)

Louppe (Mlle Léonie), 16 *ter*, rue des Jardins Renard, à Sannois (Seine-et-Oise). (S^{re}.)

275 — Fleurs et fruits. (Peinture.)
276 — Bleuets (Peinture.)

Louppe (Mlle Lucie), 17, rue de la Rochefoucauld, Paris. [V. 3e méd. d'arg. et rappel.]

277 — Primevères. (Aquarelle.)

Madeline (Paul), 17, quai Voltaire, Paris. [P. M. H. Ex. U. 1900, M. arg.]

278 — Le Coin des Roses. (Peinture.)
279 — Les Peupliers (Automne). (Peinture.)

Malfilâtre (Mme Lucy), 22, rue de Staël, Paris. [V. 2 mentions, 3° méd. d'arg. et rappel.]

280 — Soleil levant. (Peinture.)
281 — Penpoul Bretagne. (Aquarelle.)

Malterre (Gontran), 2, passage de Dantzig, Paris. [V. 2° méd. et rappel.]

282 — Déjeuner rustique. (Peinture.)
283 — Les Huîtres. (Peinture.)

Manesse (Mme H. Marie-Thérèse), 122, rue du Bac, Paris. [V. M. H.]

284 — Chez l'antiquaire. (Peinture.)

Mangeant (Paul-Emile), 102 *bis*, av. de Paris. [Sociétaire S. N. des B.-A., V. H. C.] (S^re.)

285 — Versailles. Parterre d'eau.
286 — Soleil de mai (Marronniers.) (Peintures.)
286 *bis* — Une vitrine contenant des objets de parure argent, nacre, opercules.

Marchal (Achille-Gaston), 68, rue Rochechouart, Paris. [V. Méd. d'arg.]

287 — Paysage. (Étude.)
288 — Bords de la Seine. (Peintures.)

Mareschal (Johanny), 68, rue d'Anjou, Versailles.

289 — Matinée d'automne, parc de Versailles. (Pastel.)

Marin (Emile), 83, rue du Cherche-Midi, Paris (VIe).

290 — Tête de Chien. (Peinture.)

Maroniez (Georges), 38, boulevard Faidherbe. [P. M. H.]

294 — Lever de Lune dans le port. (Peinture.)
291 *bis* — La Hutte. (Peinture.)

Martin (Victor), aux Sablons, près Moret (Seine-et-Marne). (S^{re}.)

292 — L'Etang du vieux Moret. (Peinture.)
293 — La route d'Etampes à Saclas. (Peinture.)

Martinet (Marguerite), 29, rue du Château-d'Eau. [V. Méd. d'arg.]

294 — Miniature.

Martrès (Henri), 17, rue Sainte-Adélaïde, Versailles. (S^{re}.)

295 — Un Romain. (Étude.) (Sculpture.)

Massardier (Mlle Louise), 27, rue de Fontenay, Vincennes. (S^{re}.)

296 — Éventail, fleurs des champs. (Aquarelle.)

Masson (Étienne), 1, place des Tribunaux.
[V. 3e méd. d'arg.] (S^{re}.)

297 — Route du Simplon à Isella, Italie. (Aquarelle.)
298 — Le Cervin. (Aquarelle.)

Masson (Gustave-Henri), 54, rue Louis Blanc,
Paris. [V. M. H.]

299 — Rose de Noël. (Peinture.)

Matrod-Desmurs (Mme Berthe), 46, rue
Laffitte, Paris, et 30, rue du Vieux-Ver-
sailles, Versailles. [P. M. V. — V, Rappel
de 2e méd. d'arg.] (S^{re}.)

300 — Jeune fille à l'écharpe. (Appartient à M. Leloir).
(Miniature sur ivoire.)
301 — Liseuse. (Miniature sur ivoire.)

Maurou (Paul), 13, rue Grange Batelière, Paris.
[P. M. d'Hon., ✳.]

302 — « Thomas d'Aquin », d'après I. P. Laurens. (Lithographie.)
303 — « Le Sacre de Charlemagne », d'après les peintures murales au Panthéon, d'après H. Lévy.
(Lithographie.)

Maxence (Edgard), 71 *bis*, rue de Vaugirard, Paris. [P. H. C. 1897. Méd. d'or, E. U. ✻.]

304 — Tête de jeune fille. (Sanguine.)
305 — Vieille femme au rouet. (Pastel aquarelle.)

Mazard (Alphonse-Henri), 117, rue Notre-Dame-des-Champs, Paris. [V. Méd. diverses.]

306 — Pleine lune, Itteville (Seine-et-Oise). (Peinture.)
307 — Chaumière, aux Murs (Seine-et-Oise).

Ménard (Henri), place Gency, à Meulan (Seine-et-Oise). (Sre.)

308 — Pêcheurs à Luc-sur-Mer. (Peinture.)

Ménard (Victor), 18, rue de Chabrol, Paris.

309 — Jeune Mousse. (Peinture.)
310 — Un envoi : l'Arlequin. (Peinture.)

Mercié (Jeanne), 20, rue du Petit-Musc, Paris (IVe).

311 — Carmen (tête de genre). (Miniature ivoire.)

Merlin (Marguerite), 6, boulevard de la Froisette, Cannes.

312 — Roses. (Aquarelle.)

Messager (Mlle Henriette), 18, rue Chevreul,
Paris.

313 — Oranges et Citrons. (Aquarelle.)

Meyer-Heuer (Charles-Louis), 18, rue de
l'Orangerie.

314 — Harmonie (paysage). (Peinture.)
315 — Etude cour des Princes, Versailles. (Peinture.)

Meyer (Maurice), 44, rue Carnot, Versailles.
(S^{re}.)

316 — Effet d'automne. (Peinture.)

Millet (Laurence), 14, rue Saint-Benoît, Paris.

317 — Vase aux Fuschias. (Céramique.)
318 — Vase aux Champignons. (Céramique.)

Minoggio (Mlle Ysabel), 40, rue de Pontoise,
Argenteuil. (S^{re}.)

319 — Fleurs de Nice. (Aquarelle.)
320 — Nature morte. (Aquarelle.)

Montaignac-Billotey (Mme Marie-Elisabeth),
lycée Marceau, Chartres (Eure-et-Loir).
[V. 1re méd. d'argent et rappel.]

321 — Bouquet d'automne. (Gouache.)

Montenard, 7 rue Ampère. [P. II. C. ✳.]

322 — Paysage de Provence. (Peinture.)

Morinière (Stanislas), quai du Canal, Saint-Amand (Cher).

323 — Un original. (Dessin.)

Mouillard (Lucien), 71, rue de l'Assomption, Paris (XVIe). [V. 1re méd.] (S^{re}.)

324 — Hussards en grand'garde. (Peinture)
325 — Pauvre veuve arabe. (Peinture.)

Mullur (Charles), 2, passage de Dantzig, Paris-Vaugirard.

326 — Buste. (Plâtre.) (Sculpture.)

Munier (Jules-Louis), avenue de Saint-Cucufa, villa « Le Roselier », Vaucresson (Seine-et-Oise.) (S^{re}.)

327 — Une carrière à Buzenval. (Peinture.)
328 — La plaine. (Aquarelle.)

Nallet-Poussin (Mme Emma-Camille), 8, rue Bellefond, Paris. [V. Prix du Salon.]

329 — Printemps. (Gouache.)

Navelot (Alice), 4, place Hoche, Versailles.

330 — Miniature. (Portrait.)

Nozal (Alexandre), 7, quai de Passy, Paris.
  [P. H. C. ✳. — V. Diplôme d'hon.]

331 — En montagne, solitude, près Zermatt. (Peinture.)
332 — Le village d'Aiguaize (Gard) au bord de l'Ardèche
  (Peinture.)

Olive (Jean-Baptiste), 7, rue Alfred-Stévens,
  Paris. [P. H. C., C. ✳.]

333 — Brouillard à Venise. (Peinture.)
334 — Paquebot de Venise à Trieste. (Peinture.)

Ortiou (Paul), 23, rue de la Chaussée-d'Antin,
  Paris. [V. M. H.] (S^{re}.)

335 — Après l'orage. (Peinture.)
336 — Coucher de soleil en Sologne. (Peinture.)

Paget (Aline), 43, rue Molière, Montreuil-sous-
  Bois. [V. M. H.] (S^{re}.)

337 — Jolies. (Aquarelle.)

Palade-Bonnal (Félicie), 10, rue Saint-An-
  toine, Paris. [V. M. H.]

338 — Floreal. (Pastel.)
339 — Liseuse hollandaise. (Peinture.)

Pallandre (Albert), 5 *bis*, rue Sainte-Sophie, Versailles. [V. 2ᵉ méd.. d'argent.] (Sʳᵉ.)

340 — Lilas. (Aquarelle.)

341 — Primevères jaunes. (Aquarelle.)

Pallandre-Gambon (Jeanne), 5 *bis*, rue Ste-Sophie, Versailles. [V. 3ᵉ méd.] (Sʳᵉ.)

342 — Portrait de Mˡˡᵉ A. B. (Etude). (Miniatures.)

Pallandre (Lucien), 43, rue d'Angiviller, Versailles. [V. Méd. d'argent et rappel.] (Sʳᵉ.)

343 — Paysages. (Aquarelle.)

344 — Vieille maison d'Auvergne. (Aquarelle.)

Pallandre (Mᵐᵉ Georgina), 43, rue d'Angiviller, Versailles.

345 — Etude. (Miniature.)

Pêche (Alexandre), 9, impasse de l'Astrolabe (rue de Vaugirard), Paris. [P. M. H. — V. Prix du Salon.]

346 — Vase chardon. (Bronze.)

347 — Plateau Platane. (Bronze.)

Perronnet (Maurice), 2, rue Germain-Pilon, Paris. (Sʳᵉ.)

348 — Marine : Temps gris, Belle-Ile-en-Mer. (Aquarelle.)

349 — Paysage : Vieilles maisons. (Aquarelle.)

Petitpas (Eugénie), 8 rue de l'Odéon, Paris.

350 — Lilas. (Aquarelle.)
351 — Prunes (Aquarelle)

Peyron (Valéric), 64, boulevard Saint-Michel,
Paris.

352 — Une liseuse. (Chardons.) (Cuir ciselé.) — Un
cadre. (Roses de Noël.) (Cuir modelé.) — Un
porte-cartes porte-monnaie. (Gui.) (Cuir
ciselé.) — Un porte-cartes porte-monnaie.
(Houx.) (Cuir ciselé.) — Une ceinture. (Ca-
pucines.) (Cuir ciselé.) — Une ceinture. (Pa-
pillons.) (Cuir incisé.) — Une ceinture.
(Chêne.) (Cuir incisé.)

Peytel (Mme Adrienne), 33, rue des Dames,
Paris. [P. M. II. — V. 2e Méd] (S^re.)

353 — Nature morte : artichauds, etc. (Peinture.)
354 — Intérieur breton : femme au rouet. (Peinture.)

Philippar-Quinet (Mme Jeanne), villa des
Arts, 15, rue Hégésippe-Moreau, Paris.
[P. M II.]

355 — Entre amies. (Peintures.)
356 — Repos. (Pastel.)

4

Picabia (Francis), 15, rue Hégésippe-Moreau (Villa des Arts), Paris. [V. 2ᵉ méd.]

357 — Le Pont de Moret. (Peinture.)

Pinat (Mˡˡᵉ Madeleine), St-Germain-lez-Corbeil (S. et-O.).

358 — Chrysanthèmes. (Aquarelle.)
359 — Boules de neige et Mimosa. (Aquarelle.)

Pluzanska (Mˡˡᵉ Elisabeth), 25, rue Baüyn-de-Perreuse, Nogent-sur-Marne (Seine).

360 — Prunes et Œillets. (Aquarelle.)

Polonceau (Mˡˡᵉ Blanche), 8, rue Coëtlogon, Paris. [V. méd. d'arg.]

361 — En été. (Peinture.)

Ponsard (Mˡˡᵉ Andhrée), 96, rue de Paris, Vincennes (Seine).

362 — Roses Tremières. (Aquarelle.)
363 — Pavots. (Aquarelle.)

Ponsin (Mˡˡᵉ Camille), 53, rue Duplessis, Versailles. [V. M. II.] (Sʳᵉ.)

364 — Mᵐᵉ F. et ses enfants. (Dessin.)

Popper (Rudolphe), 2, passage de Dantzig, Paris.

365 — L'Aube. (Peinture.)
366 — Péniche. (Peinture.)

Poseler (Paul), 90, faubourg St-Martin. [P. M. H., méd. d'arg. E. U. 1900. —V. 1re méd.]

367 — Un coin du Marché aux Oiseaux (Eau-forte originale.)

Prevot-Valeri (Auguste), 6, rue Aumont-Thieville. [P. H. C. ; V. M. H.]

368 — Dammartin. (Peinture.)

Profit (Georges), 28, boulevard St-Germain. Paris. [P. méd. — V. Diplôme d'Honn.]

369 — Portrait de Mme H. C. (Gravure au burin originale.)

Quentin (François), 22, rue de la Chancellerie, Versailles.

370 — La Métairie (Landes). (Peinture.)
371 — La Borde (Landes). (Peinture.)

Quillivic (René), 2, passage Dantzig.

372 — Jeunes Bretons. (Dessin.)
373 — Jeune fille. (Sculpture.)

Quinet (Charles), 64, rue Vieille-du-Temple, Paris. [V. méd. d'arg.]

374 — Prairie au Soleil. (Peinture.)
375 — Automne. (Peinture.)

Rabey (René), 20, rue Chorou, Paris. [V. méd. d'arg.]

376. — Tête de jeune femme. (Peinture.)

Raissiguier, (Emile-Paul), 2, rue d'Arcueil, villa Corot, Paris ((XIVe). (P. M. H.]

377 — Salomé. (Statuette sculp. Bronze.)

Rallier du Baty (Louise-Marie), 1, rue Humboldt, Paris (XIVe).

378 — Paysanne bretonne. (Miniature sur ivoire.)

Ranson (Paul), 175, boulevard Péreire, Paris.

379 — Le parc. (Peinture.)
380 — Doux espoir. (Peinture.)

Raphael ((Mlle Marthe), 3, rue de la Gaité, Paris.

381 — Portrait d'homme d'après Rembrandt. (Miniature.)
382 — Types d'Italiennes. (Miniature.)

Ravanne (Mme Blanche), 12, boulevard Péreire, Paris.

384 — Chrysanthèmes. (Peinture.)

Ricaud (Mlle Suzanne), 102, boulevard Voltaire, Paris.

385 — Biscuits. (Peinture.)

Richard (Geneviève), 12, rue Notre-Dame des-Champs, Paris.

386 — Etude la Féronnière. (Aquarelle.)
387 — Jeune Romaine. (Aquarelle.)

Rivoire (Mlle Jeanne), 19 *bis*, rue Fontaine, Paris. [V. M. II.]

388 — Œillets et amandes vertes. (Aquarelle.)

Roblin (Mme Marie-Eulalie), 4, rue Treilhard, Paris (VIII°). (S^re.)

389 — Arménien. — Vierge profane. — Madame Adélaïde. (Miniatures sur ivoire.)

Rodin (Auguste), 182, rue de l'Université, Paris, [P. Président de la Société Nationale des Beaux-Arts (Section Sculpture.) Commandeur de la Légion d'Honneur.]

390 — Pièce de sculpture.

Roll (Alfred), 41, rue Alphonse-de-Neuville, Paris. [P. Président de la Société Nationale des Beaux-Arts. (Section de Peinture.) Commandeur de la Légion d'Honneur.]

391 — Portrait de Madame R.

Roslin (Charles), 14, rue Carnot, Versailles. [V. 3ᵉ méd. et rappel.] (Sʳᵉ.)

392 — Tartane au mouillage un matin d'hiver à la côte d'Azur. (Peinture.)

Rosot (Henri), 9, rue Saint-Médéric, Versailles.

393 — Vieille femme. (Peinture.)
394 — Un cadre contenant des croquis à la pointe sèche. (Gravure.)

Rosset-Granger (Edouard), 45, avenue de Villiers, [P. H. C. ✳].

395 — Surprise !
396 — L'Etudiante. (Peintures.)

Rotival (Paul), 88, rue Saint-Lazare.

397 — Maisons à La Coudre (canton de Vaud). (Peinture.)
398 — Pluie et vent (novembre). (Peinture.)

Roudeix (Mme Sophie), 2, passage de Dantzig, Paris.

399 — Tête d'étude. (Peinture.)
400 — Bonne femme cousant. (Peinture.)

Rousseau (Mlle Alice), 54, quai de la Rapée, Paris.

401 — Jonquilles et giroflées. (Aquarelle.)

Roussel (Raoul), 88, rue d'Anjou, Versailles.

402 — Paysage. (Peinture.)

Roussel (René), 88, rue d'Anjou, Versailles.

403 — La route de la Minière. (Étude.) (Peinture.)

Roux (George), 1 *bis*, rue Hardy, Versailles. (S^re.)

404 — Les roses de Trianon. (Peinture.)
405 — Bords de la Loire. (Peinture.)

Sachy (Henri de), 1, rue Chardin, Paris. [V. méd. arg.]

406 — Plage de Berck, marée montante. (Pastel.)
407 — Environs de Villerville, marée basse, soleil couchant. (Pastel.)

Sain (Edouard), 80, rue Taitbout. [P. M. ✳. — V. Diplôme d'hon.]

408 — Les Roses. (Peinture.)

Saïn (Paul), 66, rue Boursault, Paris (17°). [P. H. C., ✳].

409 — Balancelles dans le port de Bastia (Corse). (Peinture.)
410 — Chez les Beni-Ramassés à Constantine (Peinture.)

Saint-Germier (Joseph), 85, boulevard Bineau, Neuilly-sur-Seine. [Méd. Or 1900, E. U., ✳.]

411 — Un petit canal (Venise). (Peinture.)
412 — Intérieur à Tunis. (Peinture.)

Saint-Jean (Mlle Suzanne), 1, rue Boulard, Neuilly (Seine).

413 — Vitrine contenant : un cadre émail bleu ornements reliefs Louis XV, un cadre émail marron ornements renaissance, un cadre émail ajouré ornements renaissance. (Art décoratif.)

Sauvanet (Mme Marie), 9 *bis*, rue du Sud, Versailles. (S^re.)

414 — Portrait de M. S... (Pastel.)
415 — Un chemin de Garancières. (Peinture.)

Sayvé (Abel), 9, rue de Noailles, Versailles. [V. 3e méd. d'arg.] (S^re.)

416 — Paysage. Aux champs. (Aquarelle.)
417 — Paysage, Coin de parc. (Aquarelle.)

Scapre-Pierret (Mme Jeanne), 4, rue Royale, Versailles. [Méd. de vermeil.] (S^re.)

418 — Buvard cuir repoussé. (Cuir repoussé.)
419 — Soufflet étain repoussé. (Etain repoussé.)

Sédillot (Anna), 4, rue Martel, Paris. [P. M. H.]

420 — Le sommeil de l'enfant. (Peinture.)

Serendal de Belzim, 31, avenue de Villiers, Paris. [V. 2e méd. arg. et rappel.] (S^re.)

421 — Rêverie. (Peinture.)

Serrier (George), 65, rue de Douai, Paris. [P. 3e méd.]

422 — Bords de la Marne. Environs de Château-Thierry. (Peinture.)

Serval (Maurice), 1, boulevard Exelmans, Paris (14e). [V. 2e méd.] (Sre.)

423 — Les fortifications (soleil couchant). (Pastel.)
424 — La plaine d'Issy (crépuscule). (Pastel.)

Sieburg (Eulalie), 12, boulevard Kortevoorhout (La Haye).

425 — Tête de jeune fille au chapeau de paille. (Pastel.)

Simonnet (Jeanne), 3, rue des Rouillis, Sèvres (Seine-et-Oise). [V. M. H.]

426 — Un soir de fête à Irun. (Peinture.)
427 — Le matin. (Peinture.)

Simonnet (Lucien), 3, rue des Rouillis, Sèvres (Seine-et-Oise). [P. H. C. V. Dipl. d'H.] (Sre.)

428 — L'Abreuvoir. (Peinture.)
429 — Pâturage au bord de l'Orne. (Peinture.)

Sonrel (Mlle Elisabeth), 136, rue Houdan, Sceaux (Seine). [P. Méd. de bronze 1900. E. U. V. 2e méd. d'arg.]

430 — Carmen. (Aquarelle décorative.)
431 — Marguerite. (Aquarelle décorative.)

Staiger (Edmond), 7, rue de Bagneux. [V.
Prix du Salon.]

432 — Portrait de M. Petit, maire à Viroflay, Seine-et-
Oise. (Peinture.)
433 — Coup de vent. (Peinture.)

Stephanopoli (Laure), 25, rue d'Amsterdam.
(S^{re}.)

434 — Bouquet de lilas et roses jaunes. (Aquarelle.)

Sullerot (Léon), 104, rue de la gare, à Ermont,
Seine-et-Oise.

435 — Falaise de Varengeville, Seine-Inférieure. (Peinture.)
436 — Falaise près de Dieppe. (Peinture.)

Svasta (Max), 2, passage de Dantzig, Paris-
Vaugirard.

437 — Coucher de Soleil. (Peinture.)

Taconet (Mlle Jeanne), 4, rue de Mouchy,
Versailles. [V. Méd. vermeil et rappel.]
(S^{re}.)

438 — Le port de Royan. (Peinture.)

Tattegrain (Francis), boulevard de Clichy, 12, Paris. [P. H. C. — ✳.]

439 — Centenaire. (Peinture.)
440 — Rue du Jersual, Dinan. (Peinture.)

Tauzin (Louis), 4, sentier des Pierres-Blanches, Bellevue (Seine-et-Oise). [P. 3ᵉ méd. — V. 1ʳᵉ méd.] (Sᵗᵉ.)

441 — Une conche à Royan. (Peinture.)
442 — A l'Etang de Trivaux (Bois de Meudon). (Peinture.)

Thevenot-Wagner (Eva), 62, rue de Clichy, Paris. [V. M. H.]

443 — Chrysanthèmes. (Aquarelle.)

Thibault (Marcel), 111 *bis*, rue de Courcelles, Paris (XVIIᵉ).

444 — « A l'Aventure ! » (Peinture.)
445 — Conseiller du roi de France Henri III (1580). (Peinture.)

Thielemans (Anna), 110, rue de Rennes, Paris.

446 — Les Cerises à l'eau-de-vie. (Peinture.)

Timmermans (Louis), 54, rue de Bourgogne
et chez Léon. Gérard, 18, rue Drouot, Paris.
[P. M. H. — V. diplôme d'honn.] (S^re.)

447 — Sur l'Escaut (Hollande). (Peinture.)
448 — Effet de lune (Hollande). (Peinture.)

Torta (Tony), 57, quai Valmy, Paris.

449 — Chez l'Antiquaire. (Peinture.)

Toudouze (Marie-Anne), 21, boulevard des
Batignolles, Paris. [P. 3e méd.]

450 — Rosinetta. (Peinture.)

Toussaint (Maurice), 7, avenue de la Grande-
Armée, Paris. [V. méd. arg.]

451 — « Officier de dragons de la garde Royale 1821 ».
(Aquarelle.)

Triquet (Jules), 110, boulevard Péreire, Paris.
[P. II. C. — V. diplôme d'honn.]

452 — « Automne ». (Peinture.)

Tudor - Hart (Percyval), 44, rue Troyon,
Sèvres (Seine-et-Oise), et 68, rue d'Assas,
Paris.

453 — Une cour de village. (Peinture.)
454 — Le veau blanc. (Peinture.)

Turlin (Henri), 57, avenue de Balzac, Ville-d'Avray. [V. 2e méd. d'arg.]

455 — Marine. (Eau-forte en couleurs.)

Valentin (Georges), 372, rue Saint-Honoré, Paris.

456 — Les Andelys (Eure). (Aquarelle.)

Vallayer-Moutet (Mlle Pauline), 14, passage Gourdon, XIVe. [P. méd. de bronze, E. U. de 1900. — V. méd. d'arg.]

457 — Temps d'orage. (Pastel.)

Vallet (Louis), 46, rue des Martyrs, Paris.

458 — Parisienne. (Dessin.)
459 — Le Courrier. (Aquarelle.)

Valmalète (Cécile de), 34, rue des Martyrs, à Paris.

460 — Fleurs et plantes en serre. (Peinture.)

Villébesseyx (Mme Jenny), 11, boulevard de Clichy, Paris. [P. M. H. E. U.]

461 — Noël !! (Peinture.)
462 — Anémones. (Peinture.)

Virion (Charles), Montigny-s.-Loing (Seine-
et-Marne). [P. Méd. de bronze, 1900 E. U.
— V. M. H.

463 — Chat. (Sculpture.)
464 — Groupe chats. (Sculpture.)

Voisin (Mlle Marguerite), 64, avenue de la République, à Paris.

465 — 6 Miniatures. (Etudes.)
466 — Fleurs (Pavots, boules de neige, seringa). (Aquarelle.)

Waldmann (Oscar), 80, avenue du Maine.
[P. Méd. d'arg. — V. Méd. d'arg.]

467 — Salière. (Sculpture.)

Weerts (Jean-Joseph), 77, rue d'Amsterdam,
Paris. [P. H. C., O. ✳. — V. Prix du Salon.
Prix du Mihistre, diplôme d'hon.]

468 — Portrait de Mlle Jeanne Weerts. (Peinture.)
469 — Etude « Simonetta ». (Peinture.)

Wiwoulski (Antoine), 2, passage Dantzig,
Paris.

470 — Fleurs. (Aquarelle.)
471 — Effet de la nuit. (Pastel.)

Wuysiers (Marie), 18, rue Pieter-Both. (S^re.)

472 — Parmi les blés et coquelicots. (Aquarelle.)
473 — Un coin chaud de mon jardin. (Aquarelle.)

Yssum, 57, avenue de Paris, Versailles.

474 — Portrait. (Peinture.)
475 — Portrait. (Peinture.)